W0174526

APFELGESCHICHTEN
von Frederike Frei

Herausgegeben und illustriert
von Maria Herrlich

REZEPTE

INHALT

WO DIE LIEBE HINFÄLLT

Uns gehört ein Garten mit *Apfel*baum in der - *Uhland*straße. Damit ist eigentlich alles gesagt.

Als wir die Wohnung mieteten, ließ ich uns in den Vertrag schreiben, dass wir den Baum fällen dürfen, denn er warf großen Schatten. Im ersten Jahr haben wir seine Äpfel weggeschmissen. Die meisten waren faul und verwurmt, wir waren Schönere gewöhnt aus dem Laden. So ging das ein, zwei Jahre lang. Eines Tages tat es uns leid, dass wir all das wegwarfen, was er uns zudachte. Gab es nicht auch immer große sauermilde Bollen darunter? Wir sammelten nun: die Guten ins … Ich begann, Apfelmus zu kochen. Nachbarinnen wollten plötzlich auch. Der Apfelbaum schützte uns vor der Anschaffung sperriger Sonnenschirme. Er wurde der Star unserer Feste. Immer mehr Äpfel warf er ab. Und nie auf unseren Kopf. Nur einmal mir auf den Rücken. Der blaue Fleck war die Rache für den Anfang. Wir fanden eine feine Mosterei, die uns unseren eigenen Apfelsaft naturrein servierte. Inzwischen besitzen wir eine Apfelpflückerstange, gießen den Baum nach Vorschrift, beschneiden ihn, legen ihm Leimringe um gegen Läuse, die den Stamm hoch krabbeln und auf Umwegen Würmer in die Äpfel bringen.

Nun ziehen wir wieder in die Stadt. Der Baum wird mir fehlen. Aber ich ihm nicht. Denn die Nachmieter sind ebenfalls begeistert von dem hohen Baum und tragen neuen Gästen - so wie wir - stets das Uhlandgedicht vor, wenn sie in seinem Schatten sitzen. Bald kennt der Baum es schon auswendig. Diesem Baum ist unser Büchlein gewidmet. Morgendliches Aufsammeln machte mir die Äpfelchen auf der Erde so sympathisch, dass ichschon Geschichten über sie zu schreiben begann. Ich wusste ja inzwischen, wie sie so drauf waren, was sie sich dachten über mich und sich, wenn ich da in der Frühe barfuss und verschlafen antaperte, um sie aufzusammeln und unter den langen Gartentisch zu bugsieren, damit sich kein Regenwasser in ihren Wannen sammelte. Und auch kein Wein von unseren nächtlichen Gartenfesten. Auf der Allmende wuchsen noch kleinere Apfelbäume. Doch die ließ ich links liegen. Bis ich eines Tages erfuhr, dass nur sie die Befruchtung unseres Baums sicherstellen. Ergriffen verbeugte ich mich vor dieser Meute.

EINKEHR

Ludwig Uhland

Bei einem Wirte, wundermild;
da war ich jüngst zu Gaste;
ein goldner Apfel war sein Schild
an einem langen Aste.

Es war der gute Apfelbaum,
bei dem ich eingekehret;
mit süßer Kost und frischem Schaum
hat er mich wohl genähret.

Es kamen in sein grünes Haus
viel leichtbeschwingte Gäste;
sie sprangen frei und hielten Schmaus
und sangen auf das beste.

Ich fand ein Bett zu süßer Ruh
auf weichen, grünen Matten;
der Wirt, er deckte selbst mich zu
mit seinem kühlen Schatten.

Nun fragt' ich nach der Schuldigkeit,
da schüttelt' er den Wipfel.
Gesegnet sei er allezeit
von der Wurzel bis zum Gipfel!

Himmel & Erde

Kartoffeln kochen, pellen und durch ein Sieb drücken, mit Milch verdünnen und mit Butter, Salz und Muskat abschmecken. Während die Kartoffeln kochen, Zwiebel schälen und in feine Ringe schneiden. Die Äpfel mit oder ohne Schale entkernen und je nach Größe vierteln oder achteln. Ein gutes Stück Butter zerlassen, die Zwiebelringe mit Salz darin glasig dünsten. Zum Schluß die Äpfel unterheben und kurz weich werden lassen. Mit frisch gemahlenen Pfeffer abschmecken und sofort mit dem Kartoffelpürree servieren. Einfach und lecker!

Zutaten: Äpfel, Kartoffeln, Zwiebeln, Butter, Milch, Meersalz, Pfeffer und Muskat. Wer will, brät sich Blutwurst oder Leber dazu.

FROSTIGE GEDANKEN

Da steh ich und denke mir mein Teil über den offenen Himmel, das abwesende Gras und die Menschen hier im Garten, warum sie nicht mehr herauskommen zu mir. Was hab ich ihnen getan? Gut, ich besitze keine Äpfel mehr, auch keine Blätter, aber immerhin noch Zweige und Äste und meinen dicken Stamm. Ich kann immer noch den Himmel abgreifen. Und dann hab ich ja noch die Vögel, die Füchse, die Marder, die Mäuse, die…, die… Schneeflocken! Wenn mir der Himmel die weiße Decke über die Füße legt, vergessen die Menschen mich alle durch die Bank. Da ist kein Zweibeiner, der sich an mich erinnert. Ich steh da wie Pik doof, weiche nicht vom Platz und erhalte keinen einzigen dankbaren Blick. Von wem auch. Es lässt sich ja niemand blicken. Einmal kamen welche, haben den Schnee vorgeschubst bis fast ans Rosentor in schmnalen Rillen kreuz und quer und jeder hat eine andersfarbige Holzkugel hindurch geschoben und seinen Stab. Crockett im Winter haben sie es genannt, aber sind hurtig verschwunden. Man muss also tatsächlich jeden Winter waldseelenallein der Länge nach auf den Frühling warten. Ich verfalle in eine Starre, die mir hilft, nicht in den Himmel zu wachsen. Wir Bäume sind ja berühmt für unser Stehvermögen. Aber denkt ruhig mal an uns, wenn ihr da in euren pummeligen Pelzmänteln durch die Straßen ins Haus trampelt und uns Bäume draußen lasst, meistens noch hinterm Haus in Bitterkälte.

Wenigstens kann ich froh sein, dass ich hier steh. Ich erinnere mich noch, wie sie hier an mir lehnte, die Besitzerin dieses Gartens. Während sie mit der Vermieterin sprach, knurpselte sie ein Stück Rinde ab. Von mir! Die ich meine Rinde brauche zum Schutz wie sie ihre Haut. Nur weil sie ihr locker vorkam. Sie hatte wohl selber eine Schraube locker. Sie guckte nicht einmal hoch zu mir, nur quer durch den Garten und bedauerte, dass mein Stamm nicht durchsichtig sei. Sie selbst war dagegen ganz und gar durchsichtig für mich:

Sie kommt in diesen Garten und sofort stört sie sich daran, dass ich hier steh. Und das in der Mitte. Sie selbst will im Mittelpunkt stehen, gönnt mir meinen Platz nicht. Zieht eine Schulter schief und fragt die ebenfalls stämmige Vermieterin, ob sie den Baum abhauen darf. Abhauen!! Und hat nicht mal hochgeguckt und hindurch gesehen durch meine Krone, durch die himmlischen Löcher im Laub wie durch kaputte grüne Strümpfe oder wie durch eine rohseidene wertvolle Spitzenbluse.

Man stelle sich vor, da geht eine durch die Straßen, begegnet jemandem und fragt die eigene Begleitung in Gegenwart dieses Fremden: „Kann man den umbringen?" „Ja, selbstverständlich können Sie das," antwortete die Maklerin eilfertig und raunte: „Ein Mörderbaum. Irgendein ehemaliger Mieter ist mal von der Leiter gefallen und daraufhin gestorben." Gut, dass mein Stamm so dick ist. Man muss sich schon Mühe machen in meinem Falle in Sachen Mord. Na, das Leben hat sich dann ja fruchtbringend eingemischt.

Apfel Fenchel-Salat

Aus Öl, Zitronensaft, Brühe, Salz, Pfeffer und Senf eine Vinaigrette herstellen. Den Fenchel säubern und in feine Streifen schneiden sowie das Grün fein schneiden. Den Fenchel mit der Vinaigrette übergießen und ziehen lassen. Die Äpfel säubern, entkernen und in Scheiben schneiden und mit den in feine Ringe geschnittenen Lauchzwiebeln unter den Fenchel mischen. Speck anbraten oder Pinienkerne rösten und zum Schluß über den Salat verteilen. Mit der gezupften Petersilie garnieren.

Zutaten: Fenchel, Äpfel, Petersilie, Lauchzwiebeln, Pinienkerne oder Speck, Gemüsebrühe, Zitronensaft, natives Olivenöl, schwarzer Pfeffer, Honig, Senf

APFELBLÜTE

Hohe Zeit.
Stramm am Zügel
der aufgebrochenen Rinde
preschen grün beflügelte Apfelschimmel
zu fünft aus der Borke. Am Ende der knorrigen
Deichsel überschlägt sich der Trupp blindlings ins Blaue,
aneinander geschmiegt wie seidene Falter.
Wäre Luft sichtbar, sie bestünde
aus betörend errötendem
Blütenbaumschnee.

mit freundl. Genehmigung des
Ralf Liebe Verlags aus „Echt Himmel das Blau heute"

BEIM BAUERN IN JORK

Milliarden Äpfel, noch klein und grün begleiten mich durch die Apfelplantagen beim Bauern in Jork. Regenfeuchte Blätter schlagen über mir zusammen. Licht flitzt durch die Stämme. Schnurgeradeaus führt mich der Weg am Spalier der Baumreihen entlang. Sie recken ihre Äste und plötzlich recken sich meine Glieder ebenfalls als geballte Ladung ins Offene. Ich treffe mich mit dem Obst im Unendlichen. Etwas fehlt. Die Atmosphäre, das Getier, Spinnen, Raupen, Läuse, Käfer, Erdklumpen, eine Art dritte Dimension. Vor klinisch sauberer Kulisse wandele ich, bis ich endlich einem Baum begegne, der scheint's ganz durcheinander geraten ist. Apfel und Blüte am selben Zweig. Immerhin haben die Bäume ihren knorrigen Wuchs behalten. Ich geh auch schon ganz bucklig. Noch während ich die drei Krähen, die aufflattern, begrüße, verabschiede ich sie bereits. Am lauten Flügelschlag der Vögel höre ich erst, wie leise es hier ist.

Es lichtet sich. Wie Iphigenie trete ich aus dem Hain und stehe am Ende des Weges oder der Welt. Vor meinen Augen dehnen sich Wiesenmatten und Weizenfelder zu beiden Seiten aus bis zum Horizont, violette Äcker, Pappelalleen, die kürzere nach innen versetzt. Kein einziger Weg führt dort ins Blau der Lupinen. Palast Natur. Zum Wohnen schön. Ich lasse mich nieder. Flugzeuge machen feine weiße Schrammen am Himmel, die aber rasch wieder heilen. Zur Linken hängt ein Bild ohne Rahmen, eine verschwommene bunte Sichel, der Rest eines Regenbogens. Wenn ich die Telegrafenmasten mit dem Daumen entferne, erschrecke ich richtig vor der gelungenen Gegend. So hab ich mich einmal in Gran Canaria rrerschreckt, als ich dort eine Tomate aß vom Strauch. Ich hatte ihren ursprünglichen Geschmack vergessen.

In der Ferne wieselt endlich ein Auto vorüber, lautlos. Todsicher ist dort eine Straße. Die Pappeln müssen von hier aus mit Riesenfaust gepflanzt worden sein. Es riecht nach Kamille. Ich tauche die Nase hinein. Ein Marienkäfer leistet mir Gesellschaft. Ich entdecke einen zweiten, einen dritten. Es fällt mir wie Schuppen von den Augen: Auf jeder Weizenähre sitzt oder krabbelt mindestens einer dieser Käferchen mit mehr oder weniger Punkten herum während der ganzen Zeit, die ich hier verstehe. Myriaden von Marienkäfern. Ich hole mir einen heraus. Im Gegensatz zu denen, die man sich sonst so pflückt, hat er es maßlos eilig, mit Schwung wieder zurück auf sein Fressen zu fliegen. Die unzugänglichen Ackererdschollen erinnern mich an den Mond, als sei ich dort schon mal gewesen. Mitten durchs Weizenfeld ziehe ich in Gedanken. Es soll sich teilen und hinter mir wieder zusammenschlagen, wie wenn es mich nie gegeben hätte, mich niemals mehr herausgeben. Weiterwandern könnte ich über die Äcker, schauen, welche Farben da blühen, keine Wege kreuzen, Nebelwänden begegnen und beweglichen Horizonten, das nächste Dorf nie erreichen und lasse mich selber hinter mir zurück. Wenn ich frei wäre, wenn man mir meine Türen aufsperrte weit wie Rachen, nähme ich mir einfach ein Leben heraus aus den tausend, die ich alle dabeihätte zur Auswahl. Ich entschiede mich ohne Rücksicht auf Tote, Geborene oder Kommende. Ich stünde da wie eine Unzahl, ein Wald, der wandert, ein Berg unterwegs. Ich ließe liegen, stünde still. Die Liebe nähme ich zur Brust und legte sie ab, ließe im Stich, geriete in niemandes Hirn, zöge um ins Blaue, bis Sommer kommt. Ich küsste zurück und würfe mich in Apfelschale. An mir liegt es nicht, wenn.

„Wofür Lupinen gut sind?" antwortet mir später die Bäuerin: „Für Futtermittel." – „Und die Pappeln?" – „Streichhölzer." „Natürlich gibt es einen Weg! Weiter rechts." Natürlich? Natürlich.

Suppe

Zutaten: Äpfel, Zwieben, Lauch, Öl, Apfelsaft, Gemüsebrühe, Salz, schwarzer Pfeffer, Honig, Curry, Muskat Sahne, Crème Fraîche

Zwiebeln und Lauch klein schneiden. Ein paar Ringe Lauchgrün zur Deko aufheben. Zwiebeln und Lauch in Öl anbraten. Äpfel schälen, vierteln und entkernen und kurz mit anbraten. Apfelsaft zugeben, aufkochen und mit Brühe, Pfeffer, Honig, Muskat und reichlich Curry abschmecken. Die Suppe pürieren und mit Sahne abrunden. Zum Schluß auf dem Teller mit einem Löffel Crème Fraîche und Lauchgrün dekorieren.

APFELNAMENSTAG

Der Halberstädter Jungfernapfel, der Melonenapfel und der rote Bellefleur waren seit einem Jahrhundert zusammen auf einer Porzellanschale drapiert. Sie kannten sich untereinander nur von ihren blasseren Seiten. Doch wenn sie gegenüber in den Spiegel schauten, der ihr in Gold gerahmtes Stillleben zurückwarf, erröteten sie. Das hielt sie frisch und ließ sie nicht verderben. Eine gewisse Bergamotte thronte in natura unterm Spiegel und hatte sich längst mit den gleichen Äpfeln in echt umgeben. Es ärgerte sie nur noch, dass die Zweibeinertrampel, die das Apfelmuseum besuchten, tagtäglich vorm Ölbild stehen blieben, statt sich ein einziges Mal umzudrehen im Kaminraum, um sie in einer greif- und nicht nur sichtbaren Silberschale zu betrachten! Diese schmückte immerhin den Raum, das Bild verzierte ja nur die Wand.

Die Besucher nahmen die frischen Äpfel zwar wahr, staunten aber mehr über die an der Wand. Ihr wirkliches Interesse gehörte jedoch dem Namen des Malers. Das beleidigte die Äpfel im Bild. Hatten sie nicht selber herrliche Namen? Halberstädter Jungfernapfel, Melonenapfel, roter Bellefleur! Man konnte ihren Duft einatmen durch jeden einzelnen Laut hindurch.

Apropos Duft. Brenzlig roch es im Raum. Qualmwolken standen bereits über der Chaiselongue. Sie wuchsen und blähten sich auf. Feuer leckte an den Seidentapeten und mit ihrer langen Zunge strich eine Flamme über das Ölbild. Die Äpfel erschraken. So wollten sie nicht enden. Sie wurden unruhig, machten sich schwer, schwerer, am schwersten, bis das Ölbild herunter fiel. Es sah nun aus wie ein Tablett auf dem Bauch. Darunter wölbten sich: die Apfelgesichter und machten mulsche Mienen.

Das Parkett strengte sich an, zu bersten und zu knallen. Halberstädter Jungfernapfel, Melonenapfel und roter Bellefleur gerieten ins Trudeln. Sie flohen und flogen über eine steinerne Treppe und begegneten dort der Bergamotte. Die Bergamotte würdigte sie keines Blickes, denn sie befand sich in ihrer Gesellschaft zartfarbiger Glatthautäpfel, namens echter Halberstädter Jungfernapfel, echter Melonenapfel, echter roter Bellefleur. Ihnen angeschlossen hatte sich der Hirnbacher Grünapfel. Die fünf machten gerade einen Ausflug, da ihnen ihre Silberschale unterm allerwertesten Blütenkrönchen zu heiß geworden war.

Einer von ihnen veränderte sich zusehends, er gewann in Sekundenschnelle eine tiefdunkelbraune Farbe und roch nach Weihnachten. Was war das für eine Art, die Farbe zu wechseln. Dem Hirnbacher Grünapfel waren die Kollegen schon lange nicht mehr grün und da er so aufdringlich zu schmoren begann, duldeten sie ihn fortan auch nicht mehr in ihrer Runde. Zu viert drehten sie sich auf dem Stiele um und sahen zu, dass sie ohne ihn weiterkamen. Der Maler des Ölbilds hatte den Hirnbacher Grünapfel übrigens schon vor Jahren visionär ausgeschlossen aus seinem Bild.

Zudringlich wurden Hitze und Rauch. Von allen Seiten kullerte und rollte plötzlich eine Apfeldemo vom Dachboden in Richtung Keller, riss auch unsere drei ölgemalten Äpfel mit. Die schleppten sich ihrerseits hinter der schon leicht erwärmten Werderschen Wachsrenette her. Die Steirische Schafsnase war ebenfalls zugegen, eine sehr vornehme Dame, die auf ihren außergewöhnlichen Namen stolz war, wahrscheinlich nur eine besonders perfide Art, durchzudrehen. Anwesend war auch der Wiener Rosenapfel, eine Ausgeburt frischer Fremde. Der Rheinische Krummstiel kroch nur noch. Sein seit Jahrzehnten geknickter Stiel hielt ihm als Namenstatoo die Treue.

Das Weisse Seidenhemdchen, das seinen Namen einer pikanten

Erfahrung verdankte und jede Menge tapfere Schneideräpfel, die grundsätzlich zu siebt auftraten, hoppelten nun über das Kopfsteinpflaster im Hof des Hauses hinunter zum Keller, um sich abzukühlen. Es war knallheiß geworden, die mordslebendige Apfelwickler- und Holzwurmarmada drohte, halsbrecherisch zu verkohlen.

Hier unten fühlten sich die gelagerten Museumsäpfel wieder sicher. Immerhin war ihr Leben ein einziges köstliches Angebot. Sah man sie, durfte man zugreifen, sie rundum befühlen, bestreicheln und sich fast hineinverbeißen. Für einen ersten Biss einer weißbezahnten Dame an einem Sonntagmorgen lohnte es sich ja wohl, zu leben und zu vergehen. Plötzlich gab es Verletzte. Die Sippe der Renette kam vom Balkon heruntergesegelt und blieb derb angeschlagen im Rasen liegen. Man war erstaunt, wie hart die feinen grünen Gräschen sein konnten, die man sonst einzeln ganz anders erlebte. Zuerst einmal zählten sie durch:

Da waren die Ananas Renette, die Baumanns Renette, die Borsdorfer Renette zusammen mit der Borsdorfer Herbstrenette, die sich von der ersteren nur noch bei Google unterschied, die Coulon-Renette, die Französische Goldrenette, die Graue Französische Renette im Schulterschluss mit der Grauen Herbstrenette. Harberts Renette war auch dabei, obwohl sie nur eine Cousine dritten Grades war, dann die Hildes-Heimer Goldrenette, die sich so gern mit einem Wilhelms-Havener Apfel gekreuzt hätte, um eine Wilde Hilde zu produzieren. Außerdem noch Johannsens Rote Herbstrenette sowie die Kanada Renette, die sich stets ihren Weg freizuschubsen pflegte: "Kann-er-da mal wegrollen?"

Man wartete noch auf die Landsberger Renette, die Kasseler Renette, die Karmeliter Renette, die Luxemburger Renette, die Muskatrenette und die Orleans Renette. Die letztere wäre gern in Übersee geblieben, diesem Dörfchen am Chiemsee. Doch irgend so ein Stiesel hatte sie samt ihrer Freunde, der Osterkamp Renette, der Pinsgauer Sternrenette sowie der Roten Sternrenette ins Museum gebracht. Die Biesterfelder Renette mit ihrem grünen Lätzchen auf dem dunkelroten Bauch machte sich auf dem Tisch breit und roch schon nach Apfelmus.

Soeben erschien in ihrem inzwischen fast flüssigen Kleid die Weiße Wachsrenette, die seit Jahr und Tag gegen ein doppeltes ‚s‘ in ihrem Vornamen ankämpfte. Doch auch gegen das einzelne ‚s‘ in ihrem Nachnamen meuterte sie. Weise Wachrenette hieße sie gern, aber es gelang ihr nicht, weise und gleichzeitig wach zu sein. War sie wach, verkrachte sie sich mit jederapfel und man vermisste ihre Weisheit. War sie weise, wurde sie übersehen. Die Zabergäu-Renette, die allen anderen Renetten am Stiel vorbeiging, hatte sich verdünnisiert in irgendeine Apfelschütte hinein zusammen mit der Zuccalmaglios Renette, die partout niemanden grüßte, der ihren Namen nicht aussprechen konnte. Alle schlossen sie sich der Apfelmeute an. Fehlte wer?

„Es fehlt die Champagner-Renette,“ meinte (oder weinte?) der Paradiesapfel, den die Hofratsbirne, die hier überhaupt nichts zu suchen hatte, nicht ausstehen konnte. Nur sie wusste, dass sein Name nichts mit dem Paradies, sondern mit der Paradeiser, der Tomate zu tun hatte. Sie war sosehr in ihn verhasst, dass sie doch tatsächlich hinter ihm hereierte. Obwohl sie es ablehnte, sich mit den anderen zu vermusen und zu verschmusen, lag auch die Schmidtberger Renette bald hingegossen auf ihren roten Streifen.

Die Champagner-Renette hatte keine Lust auf ihre Verwandtschaft. Sie wusste genau, dass die nur darauf wartete, sich an ihrer freudetrunkenen Art zu berauschen. Sie empfand sich als Künstlerin und wollte lieber im Ölbild wohnen, das hier unten gelandet war. Da war noch Platz auf dem Gemälde und die Gelegenheit günstig. Denn die alteingemalten drei Äpfel waren abgehauen. Sie torkelte hinunter in den Weinkeller und machte sich breit auf dem mit goldfarbenen Metallfäden durchzogenen Tablett. Die Champagner-Renette warf einen letzten Blick zurück auf ihre namentlich weit verzweigte Familie, da sie jetzt in eine andere Dimension einzugehen beabsichtigte, um ihre Träume auszuleben, und sah, dass ihre gesamte Verwandtschaft bei dieser plötzlich ausgebrochenen Feuersbrunst nicht wiederzuerkennen war. Sie verwandelte sich im Nu in eine warme wohlige Biomasse, durch und durch weich, ein saumseliger Saftbraten, der drei Nächte gegen den Wind zu duften wusste.

Keines der Früchtchen dieses Museums beobachtete noch, wie sich der Holsteiner Cox, die Rote Goldparmäne, der Gravensteiner, der Klarapfel, der Schöner aus Boskopp und der sich immer im Hintergrund haltende vornehme Langtons Sondergleichen in einem Nebenraum des Kellers beim Kühlaggregat versammelten. Kalten Kerns überlebte nur diese Gruppe mit Dame das Inferno. Der Holsteiner Cox und die Rote schafften es sogar als einzige bis in die modernen Supermärkte, doch verloren sie allmählich an Geschmack. Darob wurden sie sich spinnefeind.

Der längst vergessene Halberstädter Jungfernapfel, der nie wieder erinnerte Melonenapfel und der ganz aus dem Sinn getilgte rote Bellefleur – sie gehen leider ein in dieser Geschichte, da sich kein Apfelesser mehr um sie bemühte. Niemand hielt es für nötig, sich an sie zu erinnern, gleichgültig ob in natura oder im Ölbild. Doch dafür gehen sie in die große globale Apfelgeschichte ein.

Apfelstreusel

**Zutaten
für den Streuselteig:**
500 g Mehl , 250 g Butter,
250 g Zucker, 1 Prise Salz,

für den Belag:
1 kg saure Äpfel,
Zimt

Aus Mehl, Butter, Zucker, Salz einen Streuselteig kneten. Die Hälfte davon in eine 26 cm
großen Springform verteilen und einen Rand
hochziehen. Die Äpfel waschen, schälen, entkernen und würfeln. Mit Zimt würzen und auf
dem Teig verteilen. Die restliche Teigmenge
über die Äpfel streuen und den Kuchen im
Ofen bei 200 ° ca. 45 bis 60 Min. backen. Die
Streusel sollen leicht bräunlich werden. Dazu
passt geschlagene Sahne oder auch
Vanillesauce.

BISSIGES GRAS

„Das Gras ist bissig!" fürchtete sich der Hirnbacher Grünapfel. Er wollte und wollte nicht springen. Immerhin war er am Baum bisher jedem Wurm entkommen. Er drehte und wendete sich so geschickt im Sonnenlicht, dass Würmer, die sich ihm schon ins Stielgrübchen gesetzt hatten, wieder 'runterflogen von seiner aalglatten Schale. Seine Mitäpfel dagegen ließen sich recht hirnlos von unten, oben, vorn und hinten anbohren, die Dämlacks. Sogar den Herbststürmen hatte unser Meister Grünapfel standgehalten, doch nun briet die Sonne ihn durch, um ihn endlich zu Fall zu bringen. In den Grasspitzen lockte ihn einer: „Hops doch, du Feigling."

Der Zwiebelapfel hatte sich in ihnen versteckt und ein schiefes Maul bekommen von seinem eigenen verfrühten Absprung Und jetzt ersehnte er Gesellschaft herbei, und sei es auch nur die seines Nachbarn aus Hirnbach. Der Zwiebelapfel streckte ihm seinen Stiel entgegen, wie um ihm die Hand zu reichen. Der Hirnbacher sprang und platschte genau auf dessen mulsche Stelle.

„Aua!" „Danke!" Er war froh, weich gefallen zu sein. Doch der Zwiebelapfel hatte nicht ihn, sondern sich selbst retten wollen vor ihm. Wegrollen wollte er vor der Bombe von oben, schaffte es aber nicht, präsentierte dem Hirnbacher ungewollt seine empfindlichste Stelle als Sprungtuch. Zu seiner Verwunderung war er hier auf der Erde nämlich nicht mehr so beweglich wie im Baumhimmel, wo er doch locker in alle Richtungen zu tanzen pflegte.

Eine vollversammelte Ohrenkneifermeute war durch die Erschütterung des Bodens alarmiert worden und begann, sich samt ihrer Brut in

Richtung Apfellandeplatz in Marsch zu setzen. Man erwartete dort Saftiges. Sie kamen aber an ein Riesengebirge aus Stacheln und warteten erst einmal ab, was das war oder wurde.

Inzwischen raschelte es im Spalier. Man arrangierte ein Multikultivierungstreffen, hatte lange genug abgehangen und sich einen guten Flugbauch angemästet. Die Nordhäuser Winterforelle flüsterte allen Genossen zu (Sie hießen gern ,Genossen', da es ihnen wichtig war, genossen zu werden): „Bleibt bloß oben. Der Igel zutzelt euch unten ein Loch in den Bauch, dann lässt er euch liegen, und euch wird schlecht."

Die rote Goldparmäne hörte nicht hin und sprang, nur um anzugeben vorm Hornburger Pfannkuchenapfel, der sich, wie schon sein Name sagt, überall breit machte. Sie hatte allerdings nicht mit dem Geflammten Kardinal und dem Königlichen Kurzstiel gerechnet, die ihr beide von der anderen Seite in die Quere gerieten. Jetzt trafen sie alle aus der Plantage aufeinander, der Salzburger Rosenstreifling, der Schöner aus Boskopp und die Zimtrenette. Es gab einen Riesenapfelauflauf. Sie fielen sich allesamt um den Bauch. Was war das für ein Durcheinandergedufte!

„Da ist ja auch der kesse Küchenapfel", meinte einer. „Kesswicker Küchenapfel", verbesserte der. Er hatte zwar noch immer keinen Humor, fühlte sich sonst aber prächtig, weil er endlich Boden unter den Füßen spürte und also ganz anders dalag, seit er nicht mehr in der Luft hing. Die Küche nimmt ja den wichtigsten Platz ein im Endstadium eines Apfels. Äpfel hatten keine Angst vor ihrem platten Musen.de, genauer MusND, ich meine: Mus-Ende. Sie kamen ja alle nächstes Jahr wieder, ob nun als die gleichen oder als dieselben, das war ihnen letztlich wurscht. Um diesen Unterschied kümmerten sich Deutschlehrer. Ihnen reichte es, wenn Äpfel weiterlebten samt sämtlicher historischer Selektionen und Mutationen und nicht nur die vier Einfallslosigkeiten, die hierzulande im SuMa laut Apfelverordnung zu kaufen sind: rotbackig, knackig, grün und süß. Ja, meine Herrschaften, unter diesen vier Sorten dürfen Sie im Supermarkt täglich täglich wählen. Welche Vielfalt. Sogar das ABC besitzt ja mehr Buchstaben.

Der Haus- und Gartenigel Leopold legte seine Stacheln an und spielte das Empfangskomitee, hatte er doch lange darauf zugehungert. Von weitem schimmerte ihm etwas rosa entgegen. Igel können nicht gut sehen, doch er vermutete die festen Bäckchen der Lübecker Sommerbergamotte in rosé und freute sich schon darauf, mit seinem Schnäuzchen an ihrer schönsten Stelle, die es noch zu erschnüffeln galt, in die saftige Wachshaut einzudringen, das Löchlein nach und nach mit Igelgeduld und Stachelspucke zu erweitern durch gleichzeitige Einschlürfung der dazugehörigen leichten Obstsaftmasse. Jetzt endlich begann Leopold, der bisher auf der Stelle verharrte, so rasch vorwärts zu laufen auf seinen krummen Beinchen übrigens in Richtung eines im Gras liegengebliebenen rosa Söckchens, dass die Ohrenzwickler hinter ihm endlich wieder freie Sicht hatten und beschlossen, mit diesem Riesengebirge mitzutrampen durch den Garten.

Die rote Goldparmäne ärgerte sich mal wieder über den Holsteiner Cox. Wie sah er bloß aus mit seiner rissig berosteten Schale. Es hieß zwar, er habe ein aromatisches Fleisch, aber irgendwie sollte man dann auch danach aussehen, fand sie, so wie sie, die rote Goldparmäne, der ihr eigener Name allerdings überhaupt nicht gefiel. Was war sie denn nun, rot oder gold? Waren die Menschen farbenblind?

Abrupt stoppte jetzt das stachelige Ungetüm auf seinem Weg und kugelte sich ein. Was war los? wunderten sich die Ohrenkneiferle. Sie verließen den so plötzlich liegen gebliebenen Stachelbus und sahen zwei Rindsledersohlen den Weg entlangkommen. Sie gehörten zu einem Menschenmann, dem weit oben ein Apfel vorm Mund herumturnte, um in dessen Lippen zu verschwinden. Das war…, das war… eine Bischofsmütze! Eine hundsgemeine Bischofsmütze vom letzten Jahr! Die Apfelgemeinschaft auf dem Erdboden, die das beobachtet hatte, lag starr. Waren sie nicht alle für ihren Besitzer herangereift? Und was machte der? Der vergnügte sich mit wem von früher! Statt sich fleißig zu bücken, ließ er sie einfach liegen. Nun holte er sogar noch eine Leiter und stieg den Baum hinauf, von dem sich die meisten gerade im Geschwindfall herabbemüht hatten. Jede einzelne rundnussige, edelaromatische, süßweinige Frucht wurde vom Herrn Baron von der Rolle in die Tiefe hinab getragen und mit eleganter Umdrehung in den Weidenkorb gebettet zum rüden Holsteiner Cox. Sämtliche springfeigen Äpfel erlebten plötzlich ihre Himmelabfahrt, also ihre Niederkunft in einer Art warmen Herrenhandsänfte.

Pech für die unten. Doch das Fallobst, nicht faul und immer gutgelaunt, nahm seinen Voraussprung als eine Art Fallstudie. Hauptsache, die Apfelöhrchen blieben erhalten. Die befinden sich in Form von grasgrünen seidenen Blättchen dicht oben am Stiel, und zwar immer als Pärchen. Wenn man Äpfel ohne Blättchen einsammelt, dann hören die leider nichts mehr. Na, für manche ist das auch ganz gut. Dies Meckern über faule Stellen und rissige Haut, das muss man sich als Apfel nicht 'reinziehen. Sollen sich die Menschen doch selbst mal ihre verschrumpelten Hände und Häute betrachten. Ist das etwa appetitlich? Nicht für den Apfelwicklerschmetterlingsmadenwurm mit seinem goldig glänzenden Augenfleck im bleigrauen Vorderflügel. Schadorganismus wird er von den Zweibeinern tituliert. Eine Unverschämtheit, findet er. Doch mit dieser Meinung steht er ganz allein. Nur noch der liebe Gott ist auf seiner Seite. Man fragt sich, warum?

Apfel-Lachs-Sauerkraut-Tarte

Zutaten für den Mürbeteig:
200 g Mehl, 100 g Butter,
1 Ei, Salz, 1 EL Currypulver,
2 EL Honig,
Für den Belag:
1 Bund Frühlingszwiebeln,
400 g Sauerkraut, 4–5 Äpfel,
200 g Räucherlachs,
300 g Crème fraîche, 2 Eier,
frischer Ingwer, Salz,
2–3 Knoblauchzehen,
Pfeffer, Petersilie,
Butter zum Andünsten

Aus den Zutaten einen Mürbeteig kneten, ihn in einer 26 cm großen Springform verteilen und den Rand hochziehen und ihn kühl stellen. Äpfel und Zwiebeln waschen. Lauchzwiebeln klein schneiden, etwas Grün bei Seite stellen, den Rest in Butter andünsten Äpfel entkernen und in Spalten schneiden. Ingwer reiben, mit den Eiern, Salz, Pfeffer, ausgepreßten Knoblauch und der Crème fraîche mischen. Lachs klein schneiden und mit der Hälfte der Äpfel und den Zwiebeln unter das Kraut mischen. Das Sauerkrautgemisch auf dem Teig verteilen. Mit der Crème fraîche-Soße übergießen, mit den restlichen Apfelspalten verzieren. 45 Min. bei 200° backen. Zum Schluß mit Petersilie und den restlichen Lauchzwiebeln verzieren.

WAS EIN BLATT ERLEBT

Ein Apfel namens Bosskopf fiel so ungeschickt vom Baum, dass seine beiden Blättchen über den Zaun segelten auf die andere Seite, wo lauter Bürger herum stiegen, nämlich auf den so genannten Bürgersteig. Eines der Blättchen legte sich wie sonst in den Wind. Doch der tat plötzlich sehr sensibel, säuselte nur. Das andere ließ sich auf seine roten und gelben Flecken hin durchleuchten. Menschen brauchen Röntgenstrahlen dazu, doch bei Blättern schafft das auch die Sonne. Es landete schließlich auf einem schmalen langen Holzbrett.

Schon rasten lauter Baumstämme an ihm vorüber. Und direkt an seiner Seite stampfte immer derselbe Jungensfuß auf. Roland, der Rollerfahrer war das. Huch! Ihm griff der Wind unter den Stiel und flapp flog das Blatt zurück Richtung Zaun.

Schabegeräusche wühlten sich durch den Verkehr. Hart schurrten Borsten über den Steinboden. Ein rindshäutiger Menschenfuß stellte sich quer und plötzlich wurde Rosemarie aufgespießt. Ja, so hieß sie: Rosemarie. Auf einem harten Borstenhaar reiste sie durch die Lüfte auf ein Kehrblech. Dort wurde sie freigelassen und lag mit ihrem Pieks im Busen auf einem Haufen Kastanienhänden in einem Zuber. Von hier aus warf Rosemarie einen Blick in alle Welt. Doch ihr Apfel, an dem sie gehangen hatte, war nirgends zu sehen.

„Besitzt ihr auch eine Frucht?", fragte sie die Blätterhände, auf denen sie lag. „Eine? Haha! Millionen." Ein Baum besaß doch keine Millionen Früchte. Rosemarie fühlte sich verschaukelt. Mit einem Mal wurde sie in schauderhafte Tiefe gerissen. Alle verwesten Blattmumien lagen nun auf

Heißer Apfel

Zutaten:
Apfelsaft,
frischer Ingwer,
getrocknete Chilischote,
Zimt, Nelken

Apfelsaft zusammen mit dem geschälten, klein geschnittenem Ingwer, der zerkleinerten Chilischote (scharf), Zimt und Nelken, je nach Gusto erhitzen und einen Moment ziehen lassen.

ihr. Doch plötzlich ... schräg über ihr... Das war doch... Die Freude war groß. Nun fehlte beiden Blättchen nur noch ihr Apfel, an dessen Stiel sie lebenslänglich herumflatterten.

„Weißt du, wo er hingefallen ist?"

„Ja."

„Tatsächlich?? Toll!! Wohin??"

„Runter."

„Das weiß ich auch."

„Was fragst du dann?" Unser Apfelblättchen erinnerte sich, dass sein Zwilling nicht die Hellste war. Schon bekam es Aufwind im wahrsten Sinne des Wortes und fiel zur Seite heraus aus dem riesigen Drahtkorb, in den es umgefüllt worden war. Inzwischen hatte es geregnet und unser Blatt klebte am nassen Stein. Da kam der Rindslederschuh wieder. Exakt setzte er sein Riffelmuster auf Rosemaries Blätterkleid. Hübsch! Damit nahm er sie mit auf seinen Weg.

Der führte in eine dunkle Höhle, in welcher der Lederschuh immer wieder denselben Hebel zurückschubste. Ein Krach hier unten! Plötzlich trat Stille ein. Jetzt parkte der Straßenkehrer seinen PKW in einer Haltebucht und schleppte das Blättchen unter seiner Sohle noch mit bis zur Haustür. Dort fiel es durch den kleinquadratischen Gitterrost in den Abtritt. Straßenkehrer putzen sich ja sehr ordentlich ihre Schuhe ab. Arg zugerichtet, doch noch erkennbar lag es jetzt eine Handbreit tiefer im Staub bei Kieselsteinchen, zusammengeknüllten Bonbonpapieren, Kiefernnadeln und rostigen Reißzwecken.

Nach ein paar Tagen hüpfte ein seltsames Gebilde auf dem Eisengitter herum und blieb zum Schluss zusammengequetscht im Kästchen liegen. Rosemarie stierte von unten herauf. Am nächsten Morgen lag das Ding nach einem Regenguss direkt neben ihr. „Wer bist du denn?"

Keine Antwort. „Ich bin übrigens ein Apfelblättchen," blieb sie nett.
„Und ich bin ein Apfel." Rosemarie fühlte sich veräppelt.
„Aha," wandte sie sich ab, ohne mit der Zacke zu zucken.
„Gewesen!" verteidigte sich der Neuling.
„Du? Das kann jeder sagen, dass er mal wer war."
„Bin ich jeder?" fragte der Apfelgriebsch schnippisch. Da wurde dem Apfelblättchen ganz anders. Sie erkannte seine Stimme. Er war es! Ihr Apfel! Wenn auch ziemlich heruntergehungert. „Thorsten!" Ja, das war tatsächlich Thorsten. Stimmt. So hieß er. „Rosemarie!" rief der Apfelgriebsch begeistert.

Sie flogen sich an den Hals und lebten dort unten, solange es nur irgend ging. „Ach", schwärmten sie manchmal. „Am schönsten war es am Baum, da hatte jeder seinen Freiraum. Doch wie oft waren sie undankbar gewesen über den festen Platz in der Luft und hatten ihn verwünscht. Das bereuten sie nun in langen, leisen Reden. Die Menschen in der Siedlung, die über die beiden ein- und austraten aus dem Reihenhaus und sich dabei manches Mal in ferne Länder hineinwünschten, - der Straßenkehrer hätte gerne mal in Grönland die Straße gekehrt - ahnten nicht, dass sie regelmäßig morgens von zwei weise gewordenen Apfelresten unterm Rost vor der Haustür verabschiedet und abends huldvoll wieder von ihnen empfangen wurden.

GEHEIMRAT DR. OLDENBURG

Geheimrat Dr. Oldenburg sah hinüber in den Nachbargarten. Er trug sein vertrocknetes Blütenkrönchen als zarten Kragen aufgestellt auf seinem grünen, fleischernen Kugelkörper. Jeden Morgen nach dem Aufwachen am obersten Ast war er gespannt darauf, was im Nachbargarten alles los war. Heute war wie immer gar nichts los. Manche Äpfel schliefen inkognito tagelang durch im Gras, andere versteckten sich vor der Sonne unter einer Hecke. Manchen war die goldgelbe Farbe ausgegangen, besonders untenrum, andere blieben unverletzt, weil sie auf einem Maulwurfshügel gelandet waren. Alle träumten sie vom Zergehen auf der Zunge in vor Freude flötenden, süßmäuligen Menschenschlünden. Nichts konnte einen Apfel mehr befriedigen, als wenn ein Menschenriese ihn an die Lippen drückte und mit seinen Zahnperlen ins Innere vordrang, um ein starkes Stück herauszubeißen, das dasjenige von Schneewittchen blass aussehen ließe.

Doch niemand kam in den Garten, schon seit Tagen nicht. Es herrschte eine moosig-müde Wartestimmung unterm Apfelbaum. „Man reift nur in der Luft, am Boden verfault man" machte sich Geheimrat Dr. Oldenburg oben über die da unten lustig. Der Rheinische Krummstiel protestierte laut am Boden und drohte ihm mit dem Finger aus der Mitte. Er legte sich gerne krumm für seinesgleichen bis in seinen Stiel hinein.

Der rundum rote Adamsapfel strahlte im Gras, wie der Abendstern am Himmel. Er war es auch, dem wir den Namen Maulwürste verdanken für die blinden Tierchen unter der Erde. Denn eher gleicht so ein Maulwurf einer Wurst, meinte er, statt einem Wurf. Was ein Maulwurf hochwarf, reichte ja nicht mal bis zu den Ästen hinauf.

Endlich kam einer. Geheimrat Dr. Oldenburg zappelte im Wind. Wer war es? Weeer? Viele! Lauter Kreppsohlen traten das Gras nieder und versammelten sich im Apfelgarten ohne Rücksicht auf das Fallobst. Kein Mensch bückte sich danach. Die Äpfel kriegten Angst, dass man nun noch mit schiefen Hacken auf sie drauftrat. Nur dem lahmen Edelborsdorfer war das egal. Er war ja nur gesprungen, weil es ihm oben zu langweilig geworden war. Hatte er ja nicht ahnen können, dass es unten noch langweiliger werden würde, zumal das Gras nun auch noch unter ihm welkte. Der Edelborsdorfer mit diesem rosa Hauch auf seiner grünen Wange sah aus wie geschminkt. Doch auch das nutzte ihm nichts, er besaß eine naturtrübe Laune. Ihn konnte überhaupt nichts aufmuntern. Oben lang-, unten -weilig, das ganze Leben musste ellenlangweilig sein, vermutete er. In dieser Haltung wirkte er auf die Menschen wohl so besonders edel, weshalb sie ihm diesen Namen gaben. Gerade jetzt matschte ein Fuß den Edelborsdorfer zu köstlichem Apfelbrei. Das war das einzig unglaubliche Ereignis an diesem Nachmittag nicht nur für Geheimrat Dr. Oldenburg, sondern auch für den Edelborsdorfer selbst und genau das bekam der Gute leider zwar ganz und damit aber auch gar nicht mit, da er darüber augenblicklich zusammen mit einer Handvoll Ameisen den edlen Geist aufgab.

Vor lauter Neugierde sprang Geheimrat Dr. Oldenburg vom Ast, eine Kurzschlusshandlung, denn oben hätte er den Männern, die den Garten verkaufen wollten, viel besser zuhören können. Hier unten vernahm er immer nur „Pfrpf…, pfrpf…" Wovon sprachen sie? Von Flaschen? Endlich verstand er, dass es um die Bäume ging. Sie sollten aufgepfropft werden mit dem weißen Winterglockenapfel. Ausgerechnet der! Den konnte er partout nicht leiden, dies bleiche Gewächs. Er beschloss, auszuwandern, woraufhin ein großes Apfelsterben beginnen würde, wie er sich schon aufgeregt ausmalte, da er in seiner Eitelkeit sicher war, dass alle Äpfel ihm folgen würden.

Plötzlich sah man eine Reihe Schuhe im Gras stehen und nackte Füße pflügten durch die Grashalme, schubsten die Äpfel zusammen und verschwitzte Hände sammelten sie in eine Wanne. Da lagen sie dicht an dicht, Kopf über, Kopf unter, aber waren mordsgespannt, was nun geschehen sollte. Sie wurden zum Parkplatz getragen und in einen Transporter verfrachtet. Aha. Eine Reise! Lauter rote Bäckchen strahlten. Siehe da, es begann das große Apfelfressen, äh ich meine Apfelpressen.

Siebenundvierzig Flaschen kehrten zurück im selben Transporter nach zwei Stunden Behandlung und kamen sich mit ihrem heißgelaufenen Apfelsaft völlig wichtig vor. Nicht mehr klein und duckmäusig lagen die Äpfel am Boden, nein, sie schimmerten unten- und obenrum goldrotgelb und schwammen völlig aufgelöst in der Flasche. Die Krönchen und Stiele, die Gehäuse und Schalen, die Spelzen und mulschen Stellen, sie alle waren in der Maschine geblieben, die kein Mensch je von innen erlebte. Es war eine himmlische Verwandelhöhle. Jeden einzelnen Apfel veranlasste sie auf Knopfdruck, großmütig sein Bestes herauszugeben, nämlich sich selbst, sein Aroma und seinen Duft, seinen Geschmack und seinen lebendigen Saft. Guten Appetit!

Zutaten:
saure Äpfel, gerne auch
Fallobst, Gelierzucker 2:1
und wer mag:
frischer Ingwer, Chili,
Zimt, Nelken

Die Äpfel entsaften oder geschält und enkernt dünsten, dann durch ein Sieb pressen. Den Saft mit der entsprechenden Menge Gelierzucker 1:2 vermengen und aufkochen (wer mag, würzen). 2 Minuten brodeln lassen, danach sofort in Twist-Off-Gläser füllen. Den Deckel zuschrauben und ein paar Minuten auf den Kopf stellen. Wieder umdrehen – fertig!

APFELSCHLACHTPLATTE

Dem Glockenapfel fehlten leider die Töne. Gerne hätte er sein Entsetzen herausgeläutet über die heillose Unordnung unten im Garten. Ein gummigestiefelter Mann zermatschte soeben frei auf dem Boden herumrollende Äpfel, bis er sich mit einem Fangnetz am Stock nach oben reckte, den letzten Glockenapfel abriss vom Ast und ihn nach unten in den Obstkorb verfrachtete. Mit aufgekrempelten Ärmeln trug er volle Körbe ins Haus und schüttete sie in die gekachelte Duschwanne. Jetzt begann die große Apfelschlacht. Es würde eine Riesensauerei geben, wusste der Glockenapfel vom Hörensagen und sah zu, dass er gleich zuerst drankam. Aber genau deshalb rutschte er tiefer in den Apfelberg hinein und blieb leider heil. Er sehnte sich danach, in seine Hälften und Viertel zu zerfallen, weißfleischig aufzuplatzen und sein Innenleben hinzugeben, doch seine feste glatte Apfelhaut ließ das nicht zu. Heute ging es rund. Drei scharfe Küchenmesser lagen bereit auf dem Duschwannenrand. Gleich drei?

Die Ehefrau des Herschleppers, Apfelmörderin ihres Zeichens, wollte sofort eine zweite und dritte Waffe zur Verfügung haben, wenn die erste nicht augenblicklich eindrang in den köstlichen Apfelleib. Jedes neue Messer, das sie frisch ergriff, wenn ihre Faust am Messerknauf erlahmte, gab ihr neue Kraft zum Killen, ha! Neue Messer schneiden besser, flötete sie vor sich hin.

Hinter der Schlächterin stapelten sich etliche Plastikkisten die Duschwände hoch. Wie das hier heute hallte im gefliesten Bad! Ein breiter Eimer stand zwischen ihren Beinen. Der Glockenapfel versuchte mit hineinzufallen, doch wurde er von einer neuen Kiepe Obstvieh mitgerissen und musste am Boden weiterwarten auf sein Ende. Das Apfelschlachterweib saß da mit Schürze, halbnass vom Wasserstrahl der Brause, die konsequent in falsche Richtungen sprühte.

Der ausgewachsene Ehekerl des Schlächterweibs stellte die schweren Eimer schon vor der Tür auf dem Flur ab. Unser Glockenapfel fand eine Gelegenheit, dem Mann vor die Füße zu rollen. Der rutschte aus und fluchte, jedoch nicht über den Apfel, sondern über die Uhr. Denn die verdarb ihm die Laune. Er hatte nicht rechtzeitig begonnen mit der Ernte, sollte aber pünktlich enden.

Die feine österreichische Saftpresse im preußischen Hinterland, mit der er samt Äpfel verabredet war heute, ließ terminlich nicht mit sich spaßen. Viele Umländer wollten ihre persönlich gepflückten Früchte dort ebenfalls entsaften. Man hatte ihnen verheißen, dass kein einziges fremdes Naturprodukt sich zur eigenen Ladung dazugesellen würde. Als könne man sich heutzutage immer noch wie Schneewittchen an einem fremden Apfelschnitz vergiften. Wie beim Zahnarzt hatte jede Partei ihren höchst persönlichen Termin vom Apfelpresseur zugeteilt bekommen, wartete schon seit Wochen darauf. Da hatte der endlich mal so ein feines Ding auf Pump angeschafft und nun ehrten sie diese Großtat mit ihren Kisten und Körben, Flaschen und Taschen im Halbstundentakt

Wen haben wir denn da? Im Gegensatz zur Hetze des Apfeljägers wurde es gemütlich um den Glockenapfel herum. Schneider, Spinnen, Schnecken, Tausendfüßler, Ohrenkneifer, Fliegen, Wespen und Apfelwicklerwürmer trudelten als Mitgift aus dem Garten mit ein. Die Ohrenzwicksler verließen ihre Apfeliglus. Nacheinander krochen sie den Duschwannenrand hoch, aber rutschten immer wieder zurück. Die wenigsten waren gewitzt genug, trockene Wandpartien zu finden und anschließend rasch unterm Treteimer zu verschwinden. Manche gruben sich gleich unter den

Noppen der Badematte ein. Jetzt wurden die Apfelbollen per Starkdusche gescheuert. So gern der Glockenapfel dabei gewesen wäre, er ließ sich doch zur Seite rollen, denn schwarze Blätter und Pilze, die umherwirbelten, verpesteten die Luft. Außerdem waren sie nicht nach seinem Geschmack. Außerdem klebten plötzlich gelbe Pinselhaare am Wannenrand. Quitte-gelb wie der schon im Frühsommer frisch mit Ölfarbe gestrichene Garten-tisch.

Die Apfelschlächterin kämpfte mit den Plastikwannen. Sie besaß nicht genug, um die zweimal gebrausten Äpfel von den einmal gebraus-ten, sowie den bereits dreimal gebrausten deutlich zu trennen. Das tropfte durch die unseligen Rippen hindurch, weichte den Badezimmerflausch auf, den niemand rechtzeitig rettete, das rann und bretterte durch die Bodenkachelfugen, um Flusen, Fussel, Pillen und Pröbchen aus den Bade-zimmerecken zu flözen. Das Bad wusch die Äpfel, die Äpfel das Bad.

Mit breiten Beinen saß die Schlächterin wie eine Kutscherin da, führte das Messer gehetzt an die Apfelkehlen und rumorte in ihrem In-neren, um alles Faule auszumerzen. In diesem Moment rettete sich eine Ameise auf ein kleines Sandhäufchen. Höchste Gefahrenstufe! Es be-deutete den Tod der KUK-Saftpresse. Die KUK-Saftpresse durfte keine Sandkörner spüren in ihren feinfühligen Schläuchen, denn sie versetzten der Madame einen Nasenstüber und konnten sie verletzen, die Gute, um deretwillen die halbe Stadtlandbevölkerung an der Presse anstand. Mög-liche Bazillen wirkten dann weiter im feinen Gummi und würden eines Tages die Presse durchwachsen und überwuchern, wenn der Chefpresseur nicht beständig nach höchster Apfelreinheit trachtete. Drei Waschgänge machten endlich jeder noch so winterharten Ameise den Garaus samt Sandkorn.

Und wieder holte die nasse harte Schlächterfaust im Duschbad aus, packte zu und stach hinein in den Stiel, knackte den Apfel quer und riss die versammelte Wurmfamilie aus dem Schlaf. Hier wurde niemand geschont, keiner geschützt, auch nicht umständlich ausgewiesen. Hier wurde auf Kommando gekonnt entkernt und gemördert. Die Spreu wurde vom Weizen getrennt, der Wurm vom Apfelbauch. Hier wurden ganze Säle verwurmter Fruchtvillen hieb- und stichfest ausgeschabt und abgeschnitten, so dass sich die Berge bräunlich weicher, dwarser Apfeltorsi im Eimer hoch und höher türmten, zwischen denen manchmal noch ein Regenwurm oder auch zwei halbe das Licht der Oberwelt gleich doppelt erblickten.

In Ermangelung weiterer Plastikwannen landeten die Fruchtmassen in aufgeweichten Umzugskartons aus dem Keller. Zogen sie heute nicht tatsächlich vom Garten in die Lustpresse um, die Morgentau-Äpfel und die Kaiser-Wilhelm-Äpfel und der eine reine Glockenapfel? Das dritte Messer lief sich innerlich schon warm. Es bereitete im Sonnenlicht blitzend den nächsten Großangriff vor. Hier wurden zwar nur Äpfel gemurkst, aber mit Inbrunst. Wenn die Hand nicht mehr konnte, zack, der gewohnte Griff zur nächsten Waffe und schon hatte die Faust wieder Lust, ihr paradiesisches Zerstörungswerk fortzusetzen.

Man denkt, nun sei es genug, aber nein!! Jetzt ritt Messer Nummer eins wieder Attacke, wusste genau, wie tief es stechen musste, das Raubein. Es fuchtelte herum, stach hier, stach da, pulte raus, schabte, schurrte, schnitt ein, auf, aus, die Zeit lief. Noch diese Kiste. Die ganze Kiste? Alle Äpfel von kümmerlich bis knackig mussten verhackstückt werden. Das Handgelenk umgestellt auf Fabrikarbeit. Kaum hatte das Messer auf der Wurmjagdsuche ein rosa Apfelfleischbett zurückgelassen, stieß es schon in die nächste faule Stelle vor, in immer demselben Rhythmus: durch! quer! zack! weg!, stumpfte sich ab im Sabsch. Mit jedem Hieb flog das Wurmgehäuse auf und davon.

Merkwürdig ruhig waren sie geworden, die Äpfel, im Halb-, manchmal auch im Viervierteltakt geteilt lagen sie da, matt & mehlig, kreuz & quer, saftig & sauer. Die runde, vollkommene Form mancher heil gelassener Früchte rief: Gelungen! Plötzlich hörte man etwas ganz Besonderes, einen Apfelbiss, der frisch klang, süß wie ein Tenor, hell und kernig, vielleicht auch von einer gewissen Schärfe? Da war es endlich eingetroffen, das Ende unseres jetzt hellauf klingenden Glockenapfels. Eigentlich träumte der Glockenapfel davon, seinen Anteil gelben Safts einzuspeisen in die Saftpresse, hervorzuleuchten im Trinkglas. Doch sein wahrer Traum galt der Musik, zu der er nun beitrug. Der Ehemann, der ihn zum Klingen gebracht hatte, rief weniger musikalisch als laut mampfend: „Ich muss los!"

Mit den letzten Mohikanern aus Saft und Apfelmasse im Arm raste der weibliche Schlächter dem Mann noch nach auf die Straße, um die allerletzte Ausbeute ihrer Fleißarbeit ins hinterste Autoheck zu hieven. Mit vierzig brandheißen Flaschen eigenen Apfelsafts kehrte da einer heim und trank samt Kampfweib ein großes Glas Apfelblut, entronnen der Schlacht. Die Schlächterfrau badete ihre Handgelenke in Unschuld.

Bratäpfel

Zutaten:
Säuerliche Äpfel,
Zitronensaft,
gehackte Nüsse,
Johannisbeer-Gelee,
Zimt, Nelken zum Spicken,
Butter, Vanillesaucenpulver,
Milch, Mascarpone,
Vanilleschote

Gewaschene Äpfel vom Kerngehäuse befreien, innen mit Zitronensaft beträufeln und in eine gefettete Auflaufform setzen. Gehackte Nüsse, Johannisbeergelee und Zimt vermengen und die Äpfel damit füllen. Die Äpfel mit einem Stückchen Butter belegen. Auf mittlerer Schiene im Ofen bei 175° 40 Minuten backen, bis die Schale leicht aufplatzt. Inzwischen die Vanillesauce nach der Packungsanleitung zubereiten, erkaltet mit Mascarpone zu einer glatten Sauce verrühren. Vanilleschote(n) auf-ritzen und das Mark in die Vanillesauce geben. Auf jeden Teller Vanillesauce gießen und die fertigen Bratäpfel darauf setzen.

Apfel-Tarte

Zutaten für den Teig:
150 g Mehl, 75 g Butter,
75 g Zucker, 1 Ei, Prise Salz

Zutaten für den Belag:
ca. 4 Äpfel, Aprikosen-
marmelade, Zimt,
Puderzucker

Aus Mehl, Butter, Zucker, Salz und Ei einen Mürbeteig kneten und ihn in einer ca. 26 cm großen Springform mit einem etwas hochgezogenen Rand verteilen. Die Äpfel waschen, entkernen und vierteln. Die Viertel in weitere Scheibchen schneiden und von außen nach innen ringförmig in den Teig stecken. Mit Zimt würzen und zum Schluß den Belag mit einem halben Glas erwärmter Aprikosenmarmelade bestreichen. Die Tarte im Ofen auf mittlerer Schiene bei 180° ca. eine Stunde backen und bräunen. Warm, mit Puderzucker bestreut, servieren.

AUF DEM SCHULHOF

Ich lehnte mich an die bröckelige Mauer zum Nachbargarten, in dem nichts wuchs außer Luthers Apfelbäumchen, das er auf jeden Fall noch pflanzen wollte, bevor die Welt mit ihm unterginge, wie es unsere Klassenlehrerin erzählt hatte. Alles, was ich mir zum ersten Mal vorstellte in meinem Leben, fand in diesem menschenleeren, unbeackerten, geradezu verrotteten Gartenstück statt. Ein ideales Plätzchen für weltweite Phantasien.

Aus „Weg vom Festland", Roman, Frederike Frei, Achter-Verlag,

ENDE

Frederike Frei, 1945 in Brandenburg an der Havel geboren, hat in ihrer Schultüte nur Äpfel und Apfelsinen bekommen, lebt in Berlin und hat sich als Schriftstellerin mit ihrer Lyrikaktion Gedichte im BaUCHLADEN auf der Frankfurter Buchmesse bekannt gemacht

Foto: Bri Meyer-Campsen

Zu ihren Veröffentlichungen zählen u. a. die Bücher: **Losgelebt** (Lyrik, Literarischer Verlag Helmut Braun), **Ich dich auch** (Lyrik und Prosa, Eichborn), Unsterblich (Monolog, Verlag Dölling und Galitz), **Echt Himmel das Blau heute** (Lyrik, Verlag Ralf Liebe), **Weg vom Festland!** (Roman, Achter Verlag). Sie ist Trägerin eines Ringelnatz- und eines Botho-Strauß- Preises.

Gründung Hamburger Literaturpost e.V., Literaturlabor e.V., Mitbegründung des Writers Room in Hamburg, Veranstalterin der 1. deutschen Dichterdemo, Schreibwerkstätten an Uni und VHS,laut Hanser vitalste Akteurin der Schreibbewegung.

Maria Herrlich, 1955 in Leipzig geboren, in Düsseldorf zur Schule gegangen, später Ausbildung als Grafikerin im Packungsstudio Bröske, Meyer & Ruf. Seit 1978 lebt und arbeitet sie in Berlin erst als Werbegrafikerin in Agenturen, später als freie Grafikerin und Illustratorin für die freie Wirtschaft und für etliche Buchverlage. 2013 hat sie ihr erstes Buch im Achter Verlag herausgegeben.

GEHEIMNISVERRAT

Inkognito der Verwandelhöhle: Lohnmosterei in Ketzür am Beetzsee.
www.toepferei-mosterei-ketzuer.de

IMPRESSUM

All rights reserved/Alle Rechte vorbehalten
© 2017 Achter Verlag, Acht und Weinheim
3. Auflage
www.achter-verlag. de
Layout, Satz, Illustrationen, Rezepte:
Maria Herrlich, Berlin
Druck:
ISBN 978-3-9814562-9-5